Darina Saust

Einlinienzeichnungen aus Draht nach Picasso

Ein Unterrichtsentwurf für eine Kunststunde in einer vierten Klasse

GRIN Verlag

Bibliografische Information der Deutschen Nationalbibliothek:

Die Deutsche Bibliothek verzeichnet diese Publikation in der Deutschen National-
bibliografie; detaillierte bibliografische Daten sind im Internet über http://dnb.d-
nb.de/ abrufbar.

Impressum:

Copyright © 2007 GRIN Verlag, Open Publishing GmbH
Druck und Bindung: Books on Demand GmbH, Norderstedt Germany
ISBN: 978-3-640-74989-8

Dieses Buch bei GRIN:

http://www.grin.com/de/e-book/160176/einlinienzeichnungen-aus-draht-nach-
picasso

Darina Damm
06.12.2007
Anwärterin des Lehramts an GHRS
Anschrift
PLZ

Grundschule
Anschrift
PLZ
Tel

Unterrichtsentwurf

anlässlich eines Doppelbesuches im Fach

Kunst

gemäß DB zu § 9 PVO-Lehr II, Ziffer 4

Datum: 10.12.2007
Uhrzeit: 8:50 – 9:35 Uhr
Klasse: 4 (Schülerzahl: 16 - 13 Mädchen, 3 Jungen)

Pädagogikseminarleiter: Herr -

Fachseminarleiter: Herr -

Fachlehrerin: Frau -

Klassenlehrerin: Frau -

Schulleiter: Herr -

<u>**Thema der Unterrichtseinheit:**</u> Von der Zeichnung zur Plastik

<u>**Thema der Unterrichtsstunde:**</u> Dreidimensionale „Drahtzeichnungen"

<u>**Stellung der Stunde in der Unterrichtseinheit:**</u>

1. <u>Zeichnen ohne Abzusetzen – Kennenlernen der Technik</u>

   Die Schülerinnen und Schüler werden in die Technik der Einlinienzeichnung eingeführt, indem sie experimentierend Fantasietiere ohne Absetzen des Stiftes malen. In einer Reflexion werden besondere Schwierigkeiten, die das Zeichnen ohne Absetzen mit sich bringen, thematisiert und Tricks ausgetauscht (Bsp: Zeichnen der Augen durch „Schleifen"…).

2. <u>Einlinienzeichnungen von Picasso</u>

   Die Schülerinnen und Schüler lernen einige Einlinienzeichnungen Picassos kennen und erarbeiten in einem Unterrichtsgespräch die Merkmale einzelner Tiere, die sie von einem anderen unterscheiden (Bsp: Rüssel des Elefanten, Stachel der Igel…). Anschließend werden Picassos Werke zu kopieren versucht und ausgehend von Tierfotos eigene Tierskizzen aus einer Linie entwickelt, die in einem „Einlinientierbuch" gesammelt werden.

3. <u>**Dreidimensionale „Drahtzeichnungen" - Biegen einer Figur aus Draht**</u>
   siehe Entwurf

4. <u>Der Künstler Alexander Calder und seine Drahtmodelle</u>

   Die Schülerinnen und Schüler lernen den Künstler Alexander Calder kennen, indem sie ihre Drahtmodelle mit seinem Werk „Early Bird" und einigen seiner Mobilés vergleichen und Unterschiede und Gemeinsamkeiten herausarbeiten. In einem „Kopier-Experiment" sollen die Schülerinnen und Schüler das Werk „Early Bird" so genau wie möglich mit Draht nachbauen.

5. <u>Wir verpacken unsere Drahtfiguren für Weihnachten und schreiben Einlinien-Weihnachtskarten</u>

   Die Schülerinnen und Schüler verpacken ihre Drahtmodelle als Geschenke und schreiben dazu Weihnachtskarten aus einer Linie.

<u>**Hauptintention und Kompetenzen dieser Stunde:**</u>

Hauptintention:

Die Schülerinnen und Schüler sollen den Werkstoff „Draht" kennenlernen und mit ihm umgehen können, indem sie in einer Experimentierphase verschiedene Muster und Formen aus Draht nachbiegen bzw. ein Tier ihrer Wahl aus ihrem „Einlinientierbuch" mit Draht nachbilden. In der Reflexion werden im Anschluss an eine Werkschau einige der Drahtmodelle genauer vorgestellt, sowie Lob und Verbesserungsvorschläge geäußert.

Prozessbezogene Kompetenzen

<u>Erkenntnisse gewinnen</u>

- Die Schülerinnen und Schüler bauen elementare Kenntnisse im Umgang mit Draht für den Einsatz in Gestaltungsprozessen aus, indem sie ihn zunächst experimentierend und anschließend zur Erstellung eines Kunstwerkes sach- und fachgerecht einsetzen und die Sicherheitshinweise beachten.

<u>Lernstrategien erwerben</u>

- Die Schülerinnen und Schüler entwickeln in der Auseinandersetzung mit Bildern (Formen, Einlinienzeichnungen) methodische Handlungskompetenz und erfassen Möglichkeiten, den Gestaltungsprozess zu strukturieren und Probleme bei der Gestaltung (z.B.: Wie biege ich das Auge, eine Ecke…?) zu lösen.

<u>Beurteilen und Bewerten</u>

- Die Schülerinnen und Schüler entwickeln die Fähigkeit, individuelle Sichtweisen in der Auseinandersetzung mit Fremdem und Ungewöhnlichem zu versprachlichen und zu vergleichen, indem sie eigene Werke und die ihrer Mitschülerinnen und Mitschüler in der Reflexion beurteilen sowie Lob und Kritik äußern.

Inhaltsbezogene Kompetenzen

<u>Wahrnehmen:</u>

- Die Schülerinnen und Schüler erfassen ausgehend von experimentellen Prozessen die Wirkungsweisen elementarer bildnerischer Mittel und Verfahren, indem sie eine zweidimensionale Zeichnung in ein dreidimensionales Drahtgestell umsetzen.

<u>Gestalten:</u>

Die Schülerinnen und Schüler…

- wenden ausgehend von experimentellen Prozessen einfache bildnerische Verfahren in zunehmend komplexeren, mehrschichtigen Vorhaben zielorientiert an, indem sie Erfahrungen aus der Erprobung und geäußerte Tipps für das Nachbiegen einer Einlinienzeichnung nutzen.
- planen zunehmend selbstständig einfache Arbeitsabläufe, können diese durchführen, beschreiben und auswerten, indem sie sich für eine Einlinienzeichnung entscheiden und diese nachbilden sowie ihren Arbeitsprozess reflektieren und Schwierigkeiten äußern bzw. positive Erfahrungen und Tipps verbalisieren.

<u>Herstellen von kulturhistorischen Kontexten:</u>

- Die Schülerinnen und Schüler begründen eigene Sichtweisen und Wertungen zunehmend differenzierter, indem sie in der Reflexion die eigene Meinung vertreten und sowohl positive Resonanz als auch Verbesserungsvorschläge äußern.

Lernausgangslage

Die Klasse 4 setzt sich aus 16 Schülerinnen und Schülern zusammen, davon sind 3 Jungen und 13 Mädchen. Ein Schüler kam zu Beginn des Schuljahres neu in die Klasse. Er ist sehr verhaltensauffällig und stört häufig den Unterricht durch unpassende Bemerkungen und Geräusche. Oft verweigert er aus mangelndem Interesse oder der Bereitschaft, sich anzustrengen, die Mitarbeit. Seinen Mitschülerinnen und Mitschülern und häufig auch den Lehrerinnen gegenüber verhält er sich abweisend und aggressiv.

Die anderen Schülerinnen und Schüler der Klasse zeigen sich im Kunstunterricht offen und interessiert. Ihr Arbeits- und Sozialverhalten kann als sehr positiv bezeichnet werden. In Reflexionsrunden können sie ihre Meinung gut vertreten bzw. Kritik annehmen. Gerne präsentieren sie ihre Kunstwerke ihren Mitschülerinnen und Mitschülern.

In den vorhergegangenen Unterrichtsstunden haben sich die Kinder mit dem Zeichnen von Fantasiewesen bzw. Tieren aus einer Linie auseinandergesetzt. Das Arbeiten mit Draht ist den Kindern neu.

Sachanalyse

Eine Drahtplastik ist ein aus Draht bestehendes dreidimensionales Objekt, das durch Modellieren des Materials entstanden ist. Das Wort „Plastik" entstammt dem griechischen Wort *plassein* und bedeutet so viel wie „formen, bilden". Die Plastik ist ein Produkt der Bildhauerkunst, die neben der Architektur und der Malerei zu den drei klassischen Gattungen der Kunst gehört.

Als Material für eine Plastik eignen sich alle leicht modellierbaren Stoffe, die entweder von Hand bearbeitet oder mit Hilfe eines vorgefertigten Modells geformt werden. Auch die Gußtechnik, bei der geschmolzene Metalle in hitzefeste Mantelformen gegossen werden, und die Treibarbeit, bei der eine dünne Metallplatte erhitzt und durch Hämmern in Form getrieben wird, sind Techniken der Plastik.[1]

Der Draht für eine Drahtplastik ist ein langes und dünnes Stück Metall, meistens mit einem kreisförmigen Querschnitt. Hergestellt wird er aus Eisen, Messing, Kupfer, Aluminium, Silber, Gold oder Edelstahl. Draht findet in vielen Bereichen Anwendung. So wird er oft in der Elektroindustrie, beispielsweise in Kabeln und Leitungen genutzt, aber auch zum Bau von

---

[1] vgl. Stadler, W. (1987), S.154 f.

Musikinstrumenten oder zur Herstellung von Schmuck.[1] Draht lässt sich mit der Hand oder mit Hilfe eines Werkzeuges sehr einfach biegen. Die entstandenen Formen bleiben stabil und können einfach wieder zurückgebogen werden. *„Aus Draht gebildete Linien ähneln den Linien einer Zeichnung [...]“,*[2] wodurch er sich für das Nachbilden von Einlinienzeichnungen besonders gut eignet.

Didaktisch-methodische Überlegungen

Das Biegen von Tierfiguren aus Draht lässt sich in den Kompetenzbereich „Bildhaftes Gestalten“ des Kerncurriculums einordnen. Die Kinder sollen praktische Erfahrungen im Umgang mit Materialien, Werkzeugen und Medien ausgehend vom Experiment sammeln, um mit diesen zunehmend eigenständig und sachgerecht umzugehen. Auf diese Weise entfalten sich Zugänge zur Kunst, auf denen das Verständnis ästhetischer Phänomene aufbaut und sich so die Kompetenz entwickelt, ästhetische Phänomene zu versprachlichen und zu vergleichen. Die Schülerinnen und Schüler sollen darüber hinaus das Biegen von Draht als ein künstlerisches Verfahren kennenlernen und in ihrer künstlerischen Praxis die Möglichkeiten und Grenzen dieses Materials erfahren.[3]

„Das Material Draht regt schon ohne Arbeitsanweisungen dazu an, es zu verbiegen oder vielleicht sogar eine Figur zu formen.“[4] Diesen hohen Aufforderungscharakter möchte ich dazu nutzen, die Kinder für diese Unterrichtsstunde zu motivieren und ihre Motivation aufrecht zu erhalten. In den vorhergehenden Stunden haben sich die Schülerinnen und Schüler intensiv mit den Einlinien-zeichnungen auseinander gesetzt, eigene erstellt und Tierzeichnungen aus einer Linie kennengelernt und zu kopieren versucht. Das Biegen dieser Figuren bzw. der vorgegeben Formen aus Draht liegt in der Zone der nächsten Entwicklung und stellt die Kinder vor neue Herausforderungen. Es entsteht für sie ein Problem, für das zunächst noch keine konkreten Lösungsmöglichkeiten vorhanden sind. Erst im experimentellen Umgang mit dem Material werden sie eigene Lösungswege entwickeln und zunehmend sicherer mit dem Draht umgehen. Zudem fördert der Umgang mit Draht die Feinmotorik der Kinder, so dass sie dazu befähigt werden, auch mit anderen Materialien geschickter umzugehen.

Darüber hinaus wird das Herstellen der Drahtfiguren das große Bedürfnis der Kinder stillen, im Kunstunterricht besondere Weihnachtsgeschenke für ihre Liebsten herzustellen. Durch den Umgang mit Draht in der Schule, können die Kinder dazu angeregt werden, in ihrer Freizeit den Draht als Gestaltungsmaterial einzusetzen und vielfältige Anwendungsmöglichkeiten auszuprobieren.

---

[1] vgl. http://de.wikipedia.org/wiki/Draht
[2] Rabemann, R. (2006)
[3] vgl. Niedersächsisches Kultusministerium (2006), S.13/16
[4] Pröschel, S. (2006), S.42

Schmuck oder kleinere Gefäße aus Draht sind auch auf Weihnachtsmärkten häufig zu finden.

Im Einstieg werden die Kinder provokativ auf den Unterrichtsgegenstand vorbereitet. Sie sollen sich Gedanken darüber machen, inwieweit das Biegen von Draht mit Einlinienzeichnungen zusammenhängt und darüber reflektieren. Ich gehe davon aus, dass die Kinder Draht kennen und eventuell zu Hause bereits damit umgehen konnten, so dass in der Erarbeitung einige Ideen besprochen werden können. Der Hinweis auf Sicherheitsvorkehrungen im Umgang mit Draht ist notwendig, da die Kinder beim ersten Arbeiten mit Draht vermutlich sorglos hantieren und ein hohes Verletzungsrisiko herrscht. Durch die Gefahrenhinweise werden sie umsichtiger arbeiten.

Als Übung sollen die Kinder zunächst Formen nachbiegen, was eine Vorstufe für das Nachbiegen der Einlinienzeichnungen darstellt. Sie sollen das Material mit seinen Möglichkeiten und Grenzen zunächst experimentierend erfahren. Ich halte diese Übungsphase für sehr wichtig. Ein Nachbauen eines Tieres ohne Vorübung hätte die Kinder womöglich überfordert und ihre Motivation gemindert.

Alternativ habe ich in Anlehnung an Joseph Guggenmoos´ Gedicht „Der Faden" ein Gedicht über einen Draht geschrieben, der verschiedene Formen annimmt, die die Kinder dann zeitgleich zum Vortrag hätten nachbiegen sollen. Ich habe mich jedoch dagegen entschieden, da dies eine Anforderung wäre, die die Kinder nicht ausreichend auf den zweiten Arbeitsauftrag vorbereitet hätte. Hier sollen die Schülerinnen und Schüler nach **visueller** Vorgabe etwas bauen. Das Biegen nach einem Gedicht basiert jedoch auf einer **auditiven** Vorgabe. Auch ein freies Experimentieren hätte nicht die gewünschte Vorbereitung zum Nachbiegen einer Zeichnung erzielt.

In einer anschließenden Zwischenreflexion sollen die Kinder ihre ersten Erfahrungen im Umgang mit Draht verbalisieren und vor allem Schwierigkeiten ansprechen, die gemeinsam im Plenum gelöst werden. Auf diese Weise werden erste Eindrücke, aber auch wichtige Erkenntnisse ausgetauscht, die für alle Kinder für den zweiten Arbeitsauftrag von Bedeutung sein können.

Das Umsetzen einer zweidimensionalen Abbildung in ein dreidimensionales Gebilde in der Anwendung ist eine Fähigkeit des räumlichen Vorstellungsvermögens, das sich bei Kindern im Grundschulalter entwickelt und durch viel Üben im Umgang mit konkretem Material gefördert werden kann.[1] Aufgrund unterschiedlicher Leistungsstände könnten einige Kinder Probleme haben, eine Figur nach Vorlage zu biegen. Daher wird durch die freie Wahl des Tieres (Salamander oder Hai?) eine innere Differenzierung angestrebt, so dass jedes Kind entsprechend seiner Fähigkeiten am Unterricht teilnehmen und Erfolgserlebnisse erzielen kann. Bei Schwierigkeiten werde ich den Tipp geben, den Draht unmittelbar auf der Vorlage zu biegen, so dass der Draht wie eine zweite Linie auf der Tierzeichnung liegt.

In der Reflexion sollen die Kinder zunächst einen Museumsrundgang im Klassenzimmer durchführen, so dass die Werke aller Kinder begutachtet werden können. Da in der Besprechung nicht alle Werke genauer besprochen werden können, ist dies eine Möglichkeit, trotzdem alle Arbeiten der Kinder zu würdigen. Für einen abschließenden Erfahrungsaustausch werden von mir einige markante Werke für die Besprechung ausgewählt. Der Sitzkreis bietet sich dafür an, da so alle Kinder nah an den Figuren sitzen können. Eine Präsentation durch Ankleben an der Tafel hätte für manche Schülerinnen und Schüler eine schlechtere Sicht auf bestimmte Details der Drahtmodelle bedeutet.

---

[1] vgl. Maier, P.H. (1999), S. 80.

Tafelbild:

<table>
<tr><td></td><td colspan="2">Biege die Formen mit Draht nach!
Du kannst auch eigene Formen erfinden!</td><td><u>Achtung: Augen!!</u></td></tr>
<tr><td></td><td>Wellen</td><td>Zick-Zack</td><td>• Halte Abstand zu deinem Sitznachbarn!
• Halte den Draht nicht zu hoch!</td></tr>
<tr><td></td><td>Spirale   Schleifen   enge Biegung   weite Biegung</td><td></td><td>• Pass auf die Enden des Drahtes auf!</td></tr>
</table>

Unterrichtsmaterial:

- Satzstreifen, Impulskarten, Magnete
- Draht (8 mm Durchmesser), Zange, Schutzbrille, kleiner Papp-Paravent als Schneide-Station
- Einlinientierbücher (Eigenprodukte der Kinder mit Tierzeichnungen aus einer Linie)
- CD, CD-Player, Glocke, Kalimba

Literatur:

- Kähne, H./ Leonhardt, S. (2001): *Tierfiguren aus Draht.* In: Grundschule Kunst. Bauen (Nr.1). Seelze-Velber: Kallmeyersche Verlagsbuchhandlung.
- Maier, P.H.(1999): *Räumliches Vorstellungsvermögen.* Donauwörth: Ludwig Auer.
- Niedersächsisches Kultusministerium (2006): *Kerncurriculum für die Grundschule. Schuljahrgänge 1-4. Kunst.* Hannover.
- Olbrich, H. (Hrsg.)(1987): *Lexikon der Kunst: Architektur, bildende Kunst, angewandte Kunst, Industrieformgestaltung, Kunsttheorie.* 1. Auflage. Leipzig: E.A.Seemann Verlag
- Pröschel, S. (2006): *Picasso & Co. Band 2. Praktische Anregungen für den Kunstunterricht in der Grundschule.* Donauwörth: Auer Verlag.
- Stadler, W. (1987): *Lexikon der Kunst: Malerei, Architektur, Bildhauerkunst, in 12 Bänden.* Freiburg (Breisgau): Herder.

Quellen aus dem Internet:

- http://de.wikipedia.org/wiki/Draht (Stand: 4.12.07)

- Rabemann, R. (2006): Rabemann – Anmerkungen zum nichtgrafischen Werk 2002. Aus: http://www.rabemann.de/galerie/stuttgart/atelier/techniken/pd (Stand: 3.12.07)

Zeit	Geplanter Unterrichtsverlauf	Sozialform	Medien/Material
8:50 **Begrüßung/ Einstieg**	L begrüßt die SuS und stellt den Besuch vor. L hängt Satzstreifen „Einen Draht biegen ist wie Zeichnen ohne Absetzen" an die Tafel.	Frontal	Tafel, Satzstreifen, Patafix
8:50 - 8:55 **Erarbeitung**	SuS äußern sich spontan zu dem Satz. L öffnet Tafel, an der der Arbeitsauftrag und einige Vereinbarungen geschrieben stehen und erläutert sowie die Sicherheitshinweise im Umgang mit dem Draht: **1.Arbeitsauftrag** sowie die Sicherheitshinweise im Umgang mit dem Draht: Biege die Formen mit Draht nach! Du kannst auch eigene Formen erfinden! • Halte Abstand zu deinem Sitznachbarn! • Halte den Draht nicht zu hoch! • Pass auf die Enden des Drahtes auf! L verteilt 30cm lange Drahtstücke an die SuS.	gelenktes L-SuS-Gespräch	Tafel, Kreide, Formen aus einer Linie (Spirale, Wellen, Schleifen…), Magnete, zugeschnittener Draht
8:55 - 9:05 **Übung**	SuS biegen die Formen nach. L steht beobachtend und beratend zur Verfügung.	Einzelarbeit	Draht, Tafel, Plakat
9:05 - 9:10 **Zwischen-reflexion**	L beendet Übung mit akustischem Signal und heftet Impulskarten an die Tafel. SuS äußern ihre Erfahrungen im Umgang mit Draht, verbalisieren Schwierigkeiten beim Nachbiegen bestimmter Formen und geben Tipps an ihre Mitschülerinnen und Mitschüler weiter. L formuliert **2.Arbeitsauftrag**: SuS sollen eines der Tiere aus ihrem „Einlinien-Tierbuch" mit Draht nachbilden. L weist auf „Zuschneide-Station" hin und verteilt neuen Draht und „Einlinien-Tierbücher" der SuS.	Frontal SuS-Kette	Tafel, Impulskarten (einfach Formen, schwierige Formen. Probleme, Tricks, …), Magnete, Einlinien-tierbücher der SuS
9:10 - 9:25 **Anwendung**	SuS suchen sich aus ihrem „Einlinien-Tierbuch" ein Tier aus und biegen es mit Draht nach. L steht beobachtend und beratend zur Verfügung. *Didaktische Reserve*: SuS die mit ihrem Tier fertig sind, sollen entweder ein anderes Tier oder einen Zaun, Käfig o.ä. für ihr Tier aus einem neuen Stück Draht biegen.	Einzelarbeit	Einlinientierbücher der SuS, Draht, Zuschneide-Station
9:25 - 9:35 **Abschluss/ Reflexion**	L beendet Arbeitsphase mit akustischem Signal und bittet SuS zum „Museumsrundgang". SuS schauen sich die Werke ihrer Mitschülerinnen und Mitschüler an während leise Musik läuft. L beendet „Museumsrundgang" durch Beenden der Musik und bittet SuS in den Sitzkreis. L wählt drei Kunstwerke für die Besprechung aus und bringt sie mit in den Sitzkreis. SuS äußern sich zu den Kunstwerken mit Hilfe der Impulskarten. L verabschiedet sich bei den SuS und bittet sie ihre Plätze aufzuräumen.	SuS-Aktion Sitzkreis SuS-Kette	Glocke, CD, CD-Player, Drahttiere der SuS, Impulskarten • An diesem Kunstwerk gefällt mir gut, dass … • Das Kunstwerk könnte ma[n] noch verbessern, indem …